NIGERIA PIDGIN AT A GLANCE
LEARN NIGERIA PIDGIN

Eigbe Osemudiamen Moses

DEDICATION

This book is dedicated to the Most High, my beloved parents Mr. and Mrs. Eigbe, my loving siblings, my darling fiancee Abieyuwa Agbonna and all those who have supported me in one way or the other.

CONTENTS

INTRODUCTION

Nigeria pidgin has come a long way in the lives of the inhabitants of the most populated black country in the world-Nigeria. In fact, the language is understood among the inhabitants of the west Africa region, although the various countries in this region have their own variations of pidgin English.   This language that comes naturally to most Nigerians, as they don't have to learn it much like their local language, has been described as a gift from above. As a matter of fact, if you see a Nigerian that neither speaks nor understands pidgin English, it is either he/she wasn't born and brought up in Nigeria or the parents made deliberate effort to make sure they did not learn it. That notwithstanding, Nigerians who do not speak nor understand pidgin English should not be more than one percent of her population.   In the past, it was regarded as a foul language because of our erroneous mentality that whoever does not know how to speak English is a stack alliterate. Little wonder that those days, most Nigerians do not consider non English speaking countries as desirable. But today, exposure has made us come to view matters in the right way, that ability to speak English is not a measure of literacy or not. Hence, we have come to cherish our free gift, a language that unites us no matter the region we come from in the country, a language that helps us identify ourselves in diaspora, a language that touches our heart, a language that we don't struggle to speak! Today, Nigeria pidgin is widely use in telecommunication, commerce, religion, entertainment. In fact, it has always been part of everyday life of Nigerians. As more and more Nigerians continue to travel overseas, many foreigners want to learn Nigeria pidgin so that they can relate well with them. Many of these Nigerians in diaspora want their spouse, if married to a foreigner, and their children to learn the language so that they can easily relate and identify with their motherland. With this in mind, I want to provide a good footing for those who want to learn this great language. Everything presented here will be laid out besides its English equivalent, so that it can be used to self-learn the language.

SIMPLE SENTENCES IN ENGLISH AND THEIR NIGERIA PIDGIN EQUIVALENT

English	NIGERIA PIDGIN
What is your name?	Wetin be your name?
My name is John.	My name na John.
What is your father's name?	Wetin be your papa name?
My father's name is Paul.	My papa name na Paul.
What will you like to eat?	Wetin you go like chop?
I will like to eat pizza.	Na pizza i go like chop.
How did you get here?	Where you follow come?
Where are you going to?	Where you dey go?
Where do you live?	Where you dey stay?

Please i need your help.	Abeg help me.
Will you be home this weekend?	You go dey house this weekend?
What are your plans after work?	Wetin you wan do after work?
Come over for dinner at my place tonight.	Come chop for my house this evening.
Cynthia is getting married this weekend.	Cynthia dey marry this weekend.
I am going for shopping.	I wan go buy things.
The party was awesome.	The party make sense.
Stop lying.	Non dey lie again.
Where do you work?	Where you for dey work?
How old are you?	How many years you be?

You are still a kid.	You still be small pikin.
I am not your mate.	I non be your mate.
I'm older than you.	I senior you.
Come let's discuss.	Come make we gist.
Call me when you get home.	Call me when you don reach house.
When are we traveling?	When we go travel?
The weather will soon change.	The weather go soon change.
I don't have any money with me.	Money non dey my hand at all.
I got a job.	I don see work.
He was sacked from his job.	Them don pursue am from work.

Children of this generation are very intelligent.	Children of nowadays too know book.
Na Go-slow delay me.	I was delayed by Traffic jam.

SIMPLE CONVERSATION IN NIGERIA PIDGIN

Conversing With Those You Are Familiar With

Family Members

Husband: Honey, how are you?

Honey how you dey? (**Nigeria pidgin**)

Wife: I'm fine. Hope you slept well?

I dey fine. You sleep well? (**Nigeria pidgin**)

Husband: Yes i did.

Yes i sleep well. (**Nigeria pidgin**)

Wife: Let me go prepare breakfast. Please wake the kids so that they can start getting set for school.

Make i go prepare morning food. Abeg go wake the children make them go dey ready for school. (**Nigeria pidgin**)

Husband: I will do that and come join you in the kitchen.

No wahala. If i wake them finish i go come join you for kitchen. (**Nigeria pidgin**)

Wife: You are so sweet!

Babe, you too much. (**Nigeria pidgin**)

Husband: Kids, wake up its day break.

Children, make una wake up day don break. (**Nigeria pidgin**)

Kids: Good morning dad.

Daddy, good morning sir. (**Nigeria pidgin**)

Husband: How are you my treasures? How was your night?

My children how una dey? Una sleep well? (**Nigeria pidgin**)

Kids: We are fine dad.

Daddy we dey fine. We sleep well. (**Nigeria pidgin**)

Husband: Go greet your mom in the kitchen and start getting ready for school.

Make una go greet una mama for kitchen and go dey ready for school. (**Nigeria pidgin**)

Kids: Ok.

Ok (**Nigeria pidgin**)

Kids: Good morning mom.

Mama good morning ma. (**Nigeria pidgin**)

Wife: Good morning my sweethearts, how are you? How was your night?

My precious children how una dey? Una sleep well so? (**Nigeria pidgin**)

Kids: We are fine mom.

Mama we dey fine. We sleep well. (**Nigeria pidgin**)

Wife: Go get set for school let me prepare breakfast for you ok.

Make una go dey ready for school make i cook food for una. (**Nigeria pidgin**)

Kids: Ok mom.

Ok mama. (**Nigeria pidgin**)

Husband: So what can i help you with?

Wetin i go fit help you do? (**Nigeria pidgin**)

Wife: Please help me clean the dinning table and make the coffee.

Abeg help me clean dinning table and make coffee. (**Nigeria pidgin**)

Husband: Ok. When i'm done with that i will go check on the kids.

Ok. If i do am finish, i o go check the children. (**Nigeria pidgin**)

Husband: Take your sit kids lets have our breakfast and go face our business for the day.

Children make una sit down make we chop so that we o go face today work. (**Nigeria pidgin**)

Wife: Kelvin, come help me take these cups to the table.

Kelvin, come help me carry these cup go put for table. (**Nigeria pidgin**)

Husband: What a nice and delicious breakfast mom prepared this morning!

This food wey una mama cook this morning make sense o. (**Nigeria pidgin**)

Kids: Thanks Mom! Thanks Dad!

Thanks ma! Thanks sir! (**Nigeria pidgin**)

Mom: Thanks my precious kids! I will prepare your favourite dinner today ok

My children una thank you. I go make the food wey una like well well this evening. (**Nigeria pidgin**)

Kids: Really! We can't wait mom.

Talk truth! E good like that! (**Nigeria pidgin**)

Husband: Arrange your bags let me and mom quickly get ready for work.

Make una dey arrange una bag make me and una mama go ready for work. (**Nigeria pidgin**)

Husband: Honey, don't forget to tell their teacher what we discussed as you go drop them off ok.

Honey, as you dey go drop them for school so, non forget to tell their teacher wetin we discuss o. (**Nigeria pidgin**)

Wife: Ok honey, i won't forget.

Ok honey, i non go forget. (**Nigeria pidgin**)

Husband: Kids i will come pick you from school today ok. Come on, give dad a hug before you go.

My children, i go come carry una from school today. Oya make una hug me before una go! (**Nigeria pidgin**)

With Your Friends

Friend: Hey dude

Guy (**Nigeria pidgin**)

You: Hello Sam

Sam how far na. (**Nigeria pidgin**)

Friend: How are you, it's been a while. Hope you are fine?

How you dey? E don tail o. Hope you dey ok? (**Nigeria pidgin**)

You: I'm fine. I went to visit my grand mom for some days. Sorry i didn't inform.

I dey ok. I be go greet my grandma. Sorry say i non tell you. (**Nigeria pidgin**)

Friend: No problem about that, I'm happy you are fine. How is your grand mom?

No issue. i dey happy say you dey ok. How your grandma na? (**Nigeria pidgin**)

You: She's doing fine.

She dey ok. (**Nigeria pidgin**)

Friend: How are you preparing for the excursion this weekend?

How you com dey prepare for the excursion this weekend na. (**Nigeria pidgin**)

You: I'm all set. Hope you are too?

I don ready finish o. Hope you don still ready finish? (**Nigeria pidgin**)

Friend: Of course! I'm just waiting for the day to come.

I don still ready finish o. Na the day i com dey wait for. (**Nigeria pidgin**)

You: Unlike you, a chronic procrastinator!

You don change o. You wey like to dey procrastinate anyhow! (**Nigeria pidgin**)

Friend: Seriously? Are you better than me?

Talk truth? You better pass me? (**Nigeria pidgin**)

You: Everyone knows I'm not like you.

Everybody know say i non be like you. (**Nigeria pidgin**)

Friend: Look at you. Anyway, let me quickly catch up with the bus. I will talk to you later.

See person! Abeg i wan quick go take bus. We go talk later.(**Nigeria pidgin**)

You: No problem.

No stress. (**Nigeria pidgin**)

Conversing With Strangers

Giving direction

Stranger: Excuse me please.

Bro (for male) or Aunty (for female) (**Nigeria pidgin**)

You: How can I help you.

How far, why you call me? (**Nigeria pidgin**)

Stranger: Please where is 4th Avenue Street? I was told its around this area.

Abeg where be 4th Avenue Street? Them tell me say na this area e dey? (**Nigeria pidgin**)

You: Just keep going down the street, it is the 4th street by your right.

Just dey go down down, naim be the 4th street for your right. (**Nigeria pidgin**)

Stranger: Thank you very much.

Thank you. (**Nigeria pidgin**)

You: You're welcome

No wahala. (**Nigeria pidgin**)

Asking for favor

You: Can you adjust a little so that my little girl can sit down?

Abeg dress small make my pikin sit down. (**Nigeria pidgin**)

Stranger: Oh, yes!

Ok. (**Nigeria pidgin**)

You: Thank you very much.

Thank you. (**Nigeria pidgin**)

Conversing With Taxi drivers

You: Taxi.

Taxi. (**Nigeria pidgin**)

Taxi: Where are you going?

Where you dey go? (**Nigeria pidgin**)

You: Take me to the mall.

Carry me go mall. (**Nigeria pidgin**)

Taxi: Alright. Don't forget to use your sit belt!

Ok. Non forget use sit belt o. (**Nigeria pidgin**)

You: Oh, I almost forgot!

Oh, I be don forget. (**Nigeria pidgin**)

Taxi: We are here madam.

Madam we don reach am. (**Nigeria pidgin**)

You: So fast? I was carried away by my phone. How much is my money?

E quick o! I non know how we take reach here because i come dey press phone. How much I go pay? (**Nigeria pidgin**)

Taxi: Your money is $50.

Na $50 you go pay. (**Nigeria pidgin**)

Conversing Over The Phone

Answering a call

You: Hello, who is on the line?

Hello, who dey follow me talk? (**Nigeria pidgin**)

Phone: This is Mr. Moses your new account manager.

Na Moses, your new account manager. (**Nigeria pidgin**)

You: Good morning Mr. Moses. Is there any problem with my account?

Good morning sir. My account don get issue? (**Nigeria pidgin**)

Phone: Not at all. I just want to tell you that...

No. I just wan tell you say... (**Nigeria pidgin**)

Making a call

You: Hello, this is Moses calling you from Juvenil high school.

Hello, na Moses from Juvenil high school dey follow you talk. (**Nigeria pidgin**)

Someone: Hello Mr. Moses, hope all is well with my son?

Good day Mr. Moses. Hope everything dey ok with my pikin? (**Nigeria pidgin**)

You: Everything is well with your son sir. I'm the head of the Guidance and counseling department.

Oga everything dey ok with your pikin. Na me be the head of the Guidance and counseling department. (**Nigeria pidgin**)

Someone: Ok sir. How can I be of help please?

Ok sir. Wetin you want make I come do? (**Nigeria pidgin**)

You: We want you to make time to come over to the school. We want to discuss something with you about your son's grade.

We want make you try come see us for school. We want discuss something with you about your pikin grade. (**Nigeria pidgin**)

Someone: No problem. Can I come over tomorrow?

No problem. Tomorrow go dey ok abi? (**Nigeria pidgin**)

You: That will be nice. Thank you very much Mr. Someone.

Tomorrow go make sense. Thank you sir. (**Nigeria pidgin**)

Someone: You're welcome sir!

Thank you sir. (**Nigeria pidgin**)

PROVERBS IN NIGERIA PIDGIN

Proverbs	Meaning
No matter how hot your temper be, e no fit boil beans.	Hot temper cannot solve problem.
Craze no hard to form, na the trekking be wahala.	Consider he cost before engaging in any endeavor.
Rolling stone, of course na person push am now!	Every action was caused by something.
If person too tey for party, e go follow dem wash plate.	Do not overstay your welcome.

I get am before no be property.	Stop living in the past.
Custard na just pap wey get swag.	Change in circumstances can make a big difference.
To piss no hard but fowl no fit do am.	Something is easy does not mean that everybody can do it.
Man wey naked no dey put hand for pocket.	There is always a condition for everything.
If life dey show you pepper, my guy make pepper soup	Make the best out of every situation.
The journey of a thousand miles, beta make u go airport go take flight.	Work smart instead of working hard.
A bird in hand....na better suya be that.	Enjoy what you have while you pursue your dreams.

"The Fly wey perch on top Butter think say im be Butterfly."	Don't let a favorable situation make you assume what you are not.
Who read naim serious, who pass naim know book.	The ending is what matters.
Person wey borrow cloth go party, no dey dance too much.	You cannot always do as you please when you are under someone.
Na from clap dance dey start.	If one does not take care, an innocent situation can easily escalate.
Pikin wey dem carry non know weda journey long.	Dependents don't know that times are hard.
Jollof Rice wey dey for d bottom of pot today, go dey for top of cooler tomorrow.	No condition is permanent.
If mad man do you something, if you see mechanic you go run.	If someone deals with you mercilessly, you will fear anything that resembles that

	person.
Fly wey no get special adviser naim dey follow dead body enter grave.	Everyone needs counseling.
Escort me, Escort me, naim slave trade take start.	Significant things don't always happen at once, it can happen gradually.
E go better, naim make ibo man still dey Kano	When there is life there is hope.
Bring suya, bring suya….na cow body dey suffer am.	There is always someone that makes the sacrifice for what we are enjoying.
Opolo eye no be open eye.	Looks can be deceitful.
You no need cutlery to chop slap.	You will get the consequences of your action free of charge.

REPEATED WORDS WITH RICH MEANING IN NIGERIA PIDGIN

PIDGIN	ENGLISH
Beggi-beggi E.g That girl na beggi-beggi	Beggar E.g That girl is a beggar.
Talki-talki E. g 1) All of una na talki-talki. 2) Non tell am o, na talki-talki.	Talkative, can't keep secret 1) All of you are talkative. 2) Don't tell him, he can't keep a secret.
Fear-fear E.g You too dey fear-fear.	Coward You fear too much.

Looku-looku	Stare
E.g This man too dey look. Na looku-looku.	This man stare too much.
Waka-waka	Prostitution, roaming
E.g 1) That woman dey waka-waka. 2) That mad man just dey waka-waka for this area.	1) That woman is into prostitution. 2) That mad man is just roaming around this premises.
Play-play	Playful
E.g This pikin too dey play-play	This child is too playful.

Now, go through the list again and try to form your own sentences with the pidgin words. Do this again and again. With this it would become part of you and flow naturally.

NIGERIA PIDGIN SLANG

SLANG	MEANING IN ENGLISH
Jand E.g I hear say your brother don jand	Oversea E.g I heard that your brother has traveled overseas
E choke E.g The exam non easy, e choke.	Tough E.g The exam was not easy, it was tough.
Shock E.g E shock you?	Surprise E.g Are you surprise?
Pepper never rest	No money on hand

Gbege E.g E be like say na gbege you dey find.	Trouble E.g It seems you are looking for trouble.
Kasala E.g Kasala don burst.	Problem E.g The problem has escalated.
We move E.g Even though them scam me, we move.	Life goes on E.g Even though I was scammed, life still goes on.
Tear eye (it has negative conotation) E.g All these children don tear eye.	To know something more than someone of your age should know. E.g All these children already know more than they should.

You too much (use as compliment) E. g 1)You too much. 1) You too much for that your seminar.	Could mean "thank you", "well done", "you are great" etc E.g 1) You are great 1) Well done for the seminar you organized.
I dey H	I'm hungry
K-**Leg** E.g This your story get K-leg.	Untrue or questionable E.g This your story is questionable.
Nothing spoil E.g Someone: Sorry say I non fit come yesterday. You: Nothing spoil bro.	No problem E.g Someone: Sorry I couldn't come over yesterday. You: No problem bro.
God don butter my bread	God has answered my prayer

Koro-koro E.g I see am koro-koro.	Eye witness E.g I saw it exactly as it happened.
Aza E.g Send me your aza.	Bank account E.g Send me your bank account.
Sapa E.g Sapa wan kill me	Suffer E.g Suffering is killing me.
Japa E.g Japa for your life o.	Flee E.g Flee for your life.
Catch cruise E.g I just dey use you catch cruise.	Have fun/joking E.g I'm just having fun with you. (or I'm just joking with you)
Tear you slap E.g I go tear you slap.	Slap you E.g I will slap you.

Shayo E.g Make we go shayo.	Drink alcohol E.g Lets go drink alcohol.

Hold ground
 	
E.g 1) You dey follow me hold ground?
 	
    2) My sister just dey follow me hold ground.
	Drag or argue
	
	E. g 1) Are you dragging with me?
	
	    3) My sister is just arguing with me.

Fall my hand E.g Samson fall my hand.	Disappoint E.g Samson disappointed me.

ABOUT THE AUTHOR

Eigbe Osemudiamen Moses is a full-fledged Nigerian, being born and brought up in the Niger-delta region of the country. This region is well known for their love and use of the pidgin English language. Having schooled in this region right from kindergarten up to university, Moses has such an in-depth knowledge of Nigeria pidgin-infact, nothing less is expected of one born and brought up in this region.

Throughout school, he was taught English and was being taught with English Language. Since he is good in both Languages, he can teach anyone lacking knowledge of one or both of these languages. He wish to use this book to teach those who understand English some basic things in Nigeria pidgin.

9 798811 312184